W0387507

Geschichten aus dem Zahlenland
Zehn Bücher mit je einer Geschichte für die Zahlen 1 bis 10
Entstanden im Rahmen der „Entdeckungen im Zahlenland“, einem Konzept
für die frühe mathematische Bildung von Prof. Gerhard Preiß

Preiß, Gerhard:
Geschichten aus dem Zahlenland 1 bis 5
Buch 3: Das Wirtshaus Zur Hexe 1-2-3
ISBN: 3-9809690-0-2
Copyright ©Zahlenland Prof. Preiß OHG, Kirchzarten 2004
Alle Rechte vorbehalten
www.zahlenland.info

DAEKYO

Der Verfasser der Geschichten hat im Jahr 2003 eine Übertragung seines Projekts „Entdeckungen im Zahlenland“ auf das Home-School-System der Firma DAEKYO in Südkorea ausgearbeitet. Im Rahmen dieser Zusammenarbeit wurden die Geschichten ins Koreanische übersetzt und illustriert. Diese Bilder von Künstlern aus Südkorea wurden mit freundlicher Zustimmung von DAEKYO für die deutsche Ausgabe übernommen.
Illustration: Kim, Yu Dae
Satz und Druck: DAEKYO PUBLISHING / Tara TPS in Südkorea

Das Wirtshaus Zur Hexe 1-2-3

Text: Gerhard Preiß **Illustration**: Kim, Yu Dae

Entdeckungen im Zahlenland von Prof. Preiß

Liebe Kinder, geht ihr auch gerne im Wald spazieren, wenn die Bäume grün sind, die Blumen blühen und die Vögel singen?

Besonders mag ich den weiten, dunklen und stillen Schwarzwald, wo es noch viele Geheimnisse zu entdecken gibt.

Am letzten Sonntag schien die Sonne so warm, dass ich meine Wanderschuhe anzog und in den Wald ging.

Bald kam ich zu einem Platz, von dem drei Wege weiter führten.

Beim dritten Weg fand ich einen Wegweiser, auf dem

„Wirtshaus Zur Hexe 1-2-3“ stand.

Fröhlich schlug ich diesen Weg ein, da ich müde, hungrig und durstig war. Immer enger wurde der Weg, immer dunkler der Wald und immer leiser sangen die Vögel.

tshaus
exe 1-2-3

Plötzlich sah ich vor mir, rundum vom Wald eingeschlossen, eine wunderschöne Wiese.
Und mitten auf der Wiese stand hinter drei Bäumen das Wirtshaus Zur Hexe 1-2-3.

Es hatte eine dreieckige Tür, drei dreieckige Fenster
und aus drei Schornsteinen stieg Rauch in den Himmel.

In der Gaststube standen drei Tische und an jedem Tisch drei Stühle.

Als ich Platz genommen hatte, kam ein Mann mit einer Schürze, den ich fragte, was es zu trinken und zu essen gibt.

Er klatschte dreimal in die Hände und antwortete:

„1 - 2 - 3:
Vielerlei!“

Ich sagte: „Ein Glas Milch hätte ich gerne."

Der Mann mit der Schürze klatschte dreimal in die Hände und rief:

„1 - 2 - 3:
Milch herbei!"

Sogleich erschien eine freundliche Frau und stellte drei Gläser mit Milch auf den Tisch.

Kaum hatte ich das erste Glas ausgetrunken, klatschte der Mann mit der Schürze wieder dreimal in die Hände:

„1 - 2 - 3:
Leckerei!“

Und schon brachte mir die freundliche Frau drei Teller mit Kuchen.

So ging es weiter:

„1 - 2 - 3:
Spiegelei!“

und:

„1 - 2 - 3:
Salat dabei!“

Drei Spiegeleier glänzten auf einem Teller, und drei Salatblätter schmückten mein gutes Essen.

Vergnügt saß ich auf meinem Stuhl, trank die Milch und aß die Teller leer.

Erst jetzt bemerkte ich, wie spät es schon geworden war. Nur ungern wollte ich den weiten Weg zurück ganz allein durch den dunklen Wald gehen.

Ich fragte die freundliche Frau, ob es einen Bus in die Stadt gibt.

„Wir haben unseren eigenen Bus“, antwortete sie und zeigte auf eine Kutsche, die neben dem Haus stand.

Der Mann mit der Schürze klatschte in die Hände:

„1 - 2 - 3:
Kommt herbei!“

Da kamen drei Hirsche angesprungen und spannten sich wie Pferde vor die Kutsche.

„Bitte einsteigen“, sagte die freundliche Frau zu mir.

Kaum war ich in die Kutsche geklettert, klatschte der Mann mit der Schürze dreimal in die Hände und rief den drei Hirschen zu:

„1 - 2 - 3:
Schnell wie die Polizei!“

Los ging die Fahrt über Berg und Tal, so schnell wie die Vögel fliegen, bis die Kutsche vor meiner Haustür hielt.

Kaum war ich ausgestiegen, da hatten die drei Hirsche schon gewendet.

Zum Abschied schlugen sie drei Purzelbäume und riefen im Chor:

„1 - 2 - 3:
Die Geschichte ist vorbei!“

Und wer glaubt, meine Geschichte sei erfunden, der soll in den Schwarzwald gehen, im Wirtshaus Zur Hexe 1-2-3 einkehren und dort nach der Kutsche mit den drei Hirschen fragen.

Mein Hut, der hat drei Ecken

Melodie : Neapolitanische Canzonetta „O cara mamma mia“